RELAX IT

der Gesundheitsfaktor

ATMUNG

Markus Hitzler, MBA (Health-Management)

Körper & Geist sind stets in Verbindung – das Band, das sie zusammenhält, ist die Atmung.

Bibliografische Information der Deutschen Nationalbibliothek:

Die Deutsche Nationalbibliothek verzeichnet diese Publikation in der Deutschen Nationalbibliografie; detaillierte bibliografische Daten sind im Internet über http://dnb.dnb.de abrufbar.

Illustration: Markus Hitzler

Einband: Markus Hitzler

Herstellung und Verlag: BoD – Books on Demand, Norderstedt

ISBN: 978-3-7460-5719-4

Kontakt:

Markus Hitzler, MBA

Heiligenstädter Lände 15/14

1190 Wien

www.markus-hitzler.at

office@chair-relax.at

Der Autor weist ausdrücklich darauf hin, dass in diesem Buch eine komplementäre Methode dargestellt wird, die zur Gesundheitsförderung dient. Jeder Leser / jede Leserin dieses Buches, wendet die Techniken dieses Ratgebers auf eigene Gefahr an. Sollten Sie starke Schmerzen haben bzw. eine schulmedizinische Diagnose benötigen, wenden Sie sich bitte an einen konventionellen Arzt.

Um die einfachere Lesbarkeit dieses Buches zu gewährleisten, wird in Folge nur die männliche Form (Leser, Arzt, Klient, Praktiker, usw.) verwendet. Aussagen gelten jedoch gleichermaßen für alle Geschlechter.

Da in diesem Buch viele praktische Übungen enthalten sind, werden diese im Text *kursiv* markiert.

Inhalt

Vorwort

Du tust es tagein, tagaus – am Tag, wenn Du arbeitest, in der Nacht, wenn Du schläfst – dein ganzes Leben lang.

Das Paradoxe, das Du vielleicht noch nicht weißt, ist: Du machst die ganze Zeit – wenn Du es richtig anwendest – das Beste für Deine Gesundheit, dass Du tun kannst.

Wie und warum diese ganz einfache Sache funktioniert, will ich Dir in diesem Buch erklären. Sie ist die eigentliche Grundlage, der wahre Kern, sehr vieler komplementärer Methoden, wie Yoga, dem Autogenen Training, Meditationen, usw.

Viel mehr Worte, hoffe ich, brauche ich nicht, um Dich neugierig auf die folgenden Inhalte zu machen.

Ich wünsche Dir viel Spaß mit diesem kurzen Ratgeber und hoffe, dass die enthaltenen Übungen, dein Leben positiv bereichern.

Markus Hitzler

Wien, März 2018

Eine genaue Betrachtung des Themas

Der Gesundheits-Mechanismus: Wir sprechen hier vom mächtigsten und grundlegendsten Mechanismus, den der menschliche Körper kennt. Er ist so alt und fundamental, dass es ihn seit Anbeginn des Säugetierzeitalters gibt. Er ist so mächtig, dass er über allen anderen traditionellen und modernen medizinischen Methoden steht, wenn man ihn früh genug und konstant genug anwendet. Ein Großteil der Menschheit hat bereits vergessen, dass es ihn gibt, da seine Auswirkungen unbewusst im Körper geschehen – er ist einfach zu wenig aufsehenerregend. Den Mechanismus, den ich meine ist die geistige und körperliche Entspannung.

Der einfachste dazugehörende Gesundheits-Faktor, der diesen Mechanismus auslösen kann, ist die bewusste Atmung. Bewusste Atemübungen werden der Inhalt dieses Buches sein und das

Atmen ist die Tätigkeit, auf die ich auch im Vorwort angespielt habe.

Erinnere Dich zusammen mit diesem Buch, an die Fähigkeit der bewussten Atmung und erfahre, wie mächtig diese, gepaart mit der Veränderung deiner Gedanken, sein kann.

Viele spirituelle, naturheilkundliche oder auch esoterische Methoden, wie Meditationen, haben die Eigenschaft, den Menschen über die Atmung in einen Entspannungszustand zu holen, durch den die Selbstheilungskräfte des Menschen aktiviert werden. Dies ist die wahre Stärke hinter diversen Weltbildern, Philosophien und dieser Form von komplementären Übungen – Entspannung hervorzurufen, oft eingeleitet durch eine bewusste Atmung. Bei all der Schönheit und Überzeugungskraft, die diverse spirituelle Systeme haben - sie benötigen Zeit und Aufwand, sie zu erlernen und zu praktizieren. Selbst bei nicht spirituellen Techniken, wie dem Autogenen

Training, sind Zeitaufwand und langwierige Lernprozesse notwendig, um die Wirkung der Übungen bemerken zu können. Genau all dies ist in der heutigen Zeit, für viele Menschen, auf den ersten Blick, interessant – Komplexität zeugt von Qualität - so ist die Annahme. Weiter verbindet man mit Zeitaufwand für Entspannung auch, sich eine Auszeit zu gönnen, was man als Luxus an andere Menschen kommunizieren kann. Leider ist es aber auch oft gleichermaßen der Grund, weshalb die Menschen nicht nachhaltig an diesen Übungen dranbleiben und der Gesundheitseffekt geht verloren. Meistens suchen wir mit unserem modernen Geist etwas Spezielles – Spezialität birgt aber, wie gesagt, meistens auch Komplexität in sich, die auf Dauer für viele Menschen zu aufwendig und kompliziert ist, um sie dauerhaft zu verfolgen. Man übersieht dabei das Wesentliche – den eigentlichen Grund, warum wir manche Dinge tun.

Gleich welche Form der Gesundheitsförderung wir betreiben – es ist ein Weg der konstant gegangen werden muss, damit er funktioniert. Weshalb dies so ist, werde ich Dir auch im Laufe dieses Buches erklären.

Dabei ist das Konzept der Entspannung durch die Atmung so einfach und gleichermaßen genial, dass Du wahrscheinlich nur den Mechanismus hinter all diesen Methoden verstehen solltest, um das dauerhafte Interesse zu haben, ganz beiläufig in deinem Alltagsleben, große und wirksame Gesundheitsförderung zu betreiben. Spezieller Glanz ist dann nicht mehr nötig um deine Aufmerksamkeit zu erregen und zu erhalten. Es geht im Endeffekt nur um das Atmen und deine Gedanken – beides hast Du immer bei Dir.

Eine klare und einfache Methode hat langfristig gesehen die größte Wirkung, da man sie sehr wahrscheinlich auch langfristig verfolgt. So kannst Du mit der Methode, die ich Dir hier vorstelle, an jedem Ort, jederzeit und mit reinem geistigem Aufwand, effektive Gesundheitsförderung betreiben.

Das Gesundheits-Weltbild der Positiv-Negativ-Spiralen

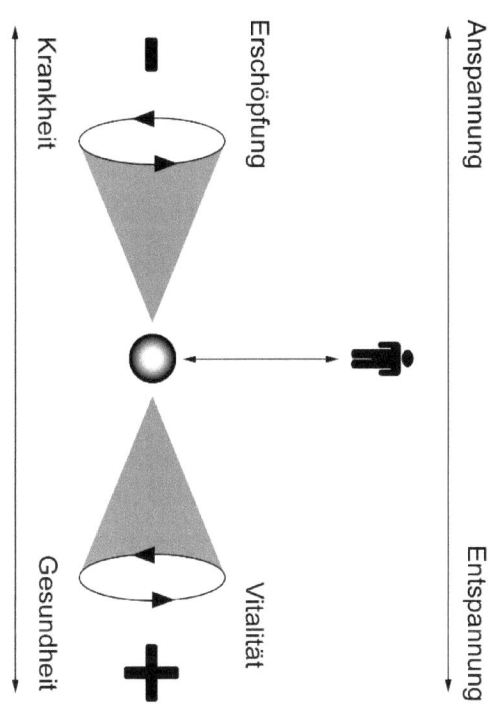

Die vorige Darstellung soll Dir veranschaulichen, wie man sehr realistisch das Zusammenspiel von Gesundheit, Krankheit und dessen Entstehung bzw. Erhaltung betrachten kann. Dieses Wechselspiel ist auch das grundlegende Wissen für gutes Atemtraining.

Zugegeben, die Grafik wirkt auf den ersten Blick etwas kompliziert – ist sie jedoch nicht, wenn Du meine Erklärung dazu liest. Du, oder besser gesagt der Kern deines Daseins, bist der Punkt in der Mitte zwischen den Spiralen. Als erstes solltest Du verstehen, dass Krankheit und Gesundheit keine fixen Zustände sind. Man kann zwar mehr gesund als krank sein, oder umgekehrt, jedoch keines von beiden ist der lebende Mensch zu 100 %. Der fitteste und gesundheitsbewussteste Sportfreak, der auf Dich vielleicht völlig gesund wirken mag, hat auch seine kleinen gesundheitlichen Probleme – auch wenn sie nur so klein sein mögen, dass er sie selbst nicht wahrnehmen kann. Anders hat ein

Schwerkranker, bis zu seinem Tod, noch immer gesunde Aspekte in sich. Gesundheit und Krankheit sind daher viel mehr zwei Richtungen, in die sich ein Mensch bewegen kann. Ganz allgemein und grundlegend ausgedrückt, bewegt sich der Mensch in Richtung Gesundheit, durch den Zustand der Entspannung. Hingegen, wenn Du angespannt bist, bewegst Du dich eher in die ungesunde Richtung der Krankheit.

Wie so oft im Leben geht es bei diesem Konzept um die Ausgewogenheit, die Balance zwischen diesen zwei Zuständen – Anspannung und Entspannung. Bist Du verhältnismäßig oft angespannt, so fällt Dir das Leben und die Bewältigung seiner Herausforderungen schwer, was Dich erschöpft. Andauernde Erschöpfung – sowohl mental als auch körperlich – kann der Beginn von Krankheit sein. Je erschöpfter Du bist, umso schwerer fällt es Dir, dich kreativ für deine Gesundheit einzusetzen. Daher kannst Du in einen immer schlechteren körperlichen und geistigen Zustand geraten. Wie Du erkennen kannst, ist dies ein negativer Kreislauf, der zu einer Spirale auf dem Weg zu immer größerer Krankheit werden kann.

Zum Glück gibt es jedoch auch die positive Gegenseite dieser Spirale und mit dem Wissen über diesen Prozess und deiner bewussten Entscheidung in die positive Richtung zu gehen, kannst Du jederzeit aus negativen Tendenzen umdrehen und Dich in die Richtung der Gesundheit orientieren. Es ist alles nur eine Frage deines nachhaltigen Interesses, deines Vertrauens in deine naturgegebenen Fähigkeiten und deines Ehrgeizes, Dich in Richtung Gesundheit zu bewegen. Denn, wenn Du auf die positive Spirale aufspringen willst und auf diesem Weg bleibst, wird deine Vitalität stetig ansteigen und Du wirst immer mehr Kraft in deinem Leben zur Verfügung haben, Probleme und Konflikte zu bewältigen, aber auch immer mehr gesundheitsfördernde Aktivitäten zu starten, um damit etwas für deine Gesundheit zu tun. Denn unaufgelöste Probleme und Konflikte zermürben Dich und machen in Wirklichkeit krank.

Wie Du siehst ist es eine einfache Sache der Lebenseinstellung, der Krankheit entgegenzuwirken und sich rein auf den Weg zu deiner Gesundheit zu konzentrieren.

Der Weg des konventionellen Arztes ist in diesem Zusammenhang, den ich hier mit Dir bearbeite, wahrscheinlich uninteressant, bzw. ist er auch nicht dauerhaft zielführend, denn die konventionelle Medizin misst sich immer an der Krankheit. Sie will diese bekämpfen, wenn sie bereits da ist, oder sie betrachtet diverse Krankheiten und bespricht mit Dir Maßnahmen, wie Du diese Krankheiten vermeiden kannst. Bei dieser Sichtweise muss man sich immer zuerst – zumindest geistig – mit der negativen Spirale befassen, bevor man sich in die Richtung der positiven Spirale orientiert. Viel interessanter ist jedoch die positive Spirale der Gesundheit und Vitalität, in den Mittelpunkt der Aufmerksamkeit zu rücken. Daher stellt sich die Frage, warum wir uns nicht gleich in diese Richtung orientieren und uns überlegen, wie wir uns mit den einfachen Mitteln, gesund erhalten können – denn der Mensch ist prinzipiell für Gesundheit ausgelegt und nur mit seinem Verhalten steht er dieser Gesundheit im Weg. Die bewusste Atmung ist so ein einfaches Mittel – eigentlich das zentralste Mittel, mit dem man seine Gesundheit fördern kann. Denn die Atmung verbindet Körper und Geist – sie erhält beide als Einheit am Leben.

Die Bedeutung von Heilung und Gesundheit

Das Wort Heilung hat seinen Ursprung im griechischen Wort „holos" – sich ganz fühlen. Paradoxerweise verwenden wir das Wort Heilung umgangssprachlich nicht für den ganzen

Menschen, sondern für Teile des Menschen, bzw. dessen Krankheiten. Ich möchte, dass der Knochenbruch ausheilt, dass die Schnittwunde zuheilt, usw. Wir betrachten diese Verletzungen auch beispielsweise, in der Regel rein körperlich und denken nicht an das mentale Trauma, dass vielleicht mit der Entstehung dieser Verletzung einhergeht.

Anders ist es mit dem Begriff der Gesundheit. Wenn Du dich gesund fühlen willst, dann verbindest Du sehr schnell damit, dass Du dich selbst als Ganzes wohlfühlen willst. Fühlst Du dich wohl, wenn Du mental niedergeschlagen und traurig, oder zornig bist? Genauso fühlen sich die wenigsten Menschen wohl, wenn sie körperlich verletzt oder krank sind. Hier betrachtet sich der Mensch als Ganzes – Körper und Geist zusammen - so wie es auch richtig ist.

Es ist aber völlig vermessen zu glauben, dass Du dich immer wohlfühlen kannst. Wie ich es Dir im letzten Kapitel schon dargestellt habe, sind die Themen Gesundheit und Krankheit und deren Zusammenspiel mehr ein komplexer Prozess – ein Weg mit zwei Richtungen – und keine fixen Zustände. So gibt es Zeiten im Leben, an denen es – aufgrund von äußeren oder inneren Umständen – schwer ist, sich auf dem Weg in Richtung Gesundheit zu bewegen. Wichtig dabei ist, dass wir es trotzdem täglich versuchen und unser Bestes geben.

Wenn Du also gute Chancen auf ein langes, gesundes und erfolgreiches Leben haben willst, solltest Du präventive Maßnahmen ergreifen, die Dich als ganzer Mensch (sowohl geistig als auch körperlich) stärken und nicht einzeln, mit speziellen Maßnahmen, gegen konkrete Krankheiten kämpfen. Dies würde Dir als ganzen Menschen nicht vollständig und ganzheitlich gerecht werden. Vielleicht kannst Du etwas mit diesem Sinnbild, in

Bezug auf die gängige Krankheitsbekämpfung, anfangen:

Was ist sinnvoller? Eine Kerze bei Zeiten auszublasen, bevor etwas zu brennen beginnt, oder dem Lauf der Dinge zusehen und erst die Feuerwehr rufen, wenn das Dach schon in Flammen steht?

Die zweite Variante ist ähnlich vergleichbar mit der Behandlung von Krankheiten, wenn man im restlichen Leben nichts für seine Gesundheit als Ganzes tut. Wie Du Gesundheitsförderung ohne viel Aufwand schaffen kannst, wirst Du ja ohnehin in diesem Buch erfahren.

In Wirklichkeit ist jedoch die Betrachtung von Gesundheit und Krankheit, bzw. deren Zusammenhänge, immer eine Frage des Blickwinkels und für das Ziel der Sache nicht relevant – es ist einfach Hintergrundwissen, dass ich Dir vermitteln möchte, damit Du wirklich verstehst, warum die Übungen aus diesem Buch funktionieren und warum es sinnvoll ist, diese konstant zu praktizieren. Nutzt man den Begriff der Heilung richtig, so wie ich es Dir vorher dargestellt habe, so gibt es einen Punkt, an dem sich sowohl der krankheitsorientierte, als auch der gesundheitsorientierte Mensch, treffen. Beide benötigen diese körpereigene Funktion, denn sie ist der besagte Gesundheits-Mechanismus der Entspannung, um deren Konzept umsetzen zu können.

Der universelle Rat: Verhaltensveränderung

Auch wenn die konventionelle Medizin, viele Methoden, die auf Atemtechniken basieren, auf das Abstellgleis des Placebos schiebt, solltest Du eines bedenken: Jedes neue Projekt, das deiner Gesundheit dient, und das Du beginnst, bewirkt eine Veränderung in deinem Verhalten – egal ob es Placebo ist oder nicht. Das ist gut und wichtig so.

Lass uns aber nochmals kurz das Thema des Placebos aufgreifen: Placebo ist die Bezeichnung für eine Maßnahme, die Du im Zusammenhang mit Krankheit und Gesundheit setzt, von der Du willst, dass sie positiv in Bezug auf dein Problem wirkt, sie das auch tut, diese es aber eigentlich gar nicht tun dürfte. Sprich die konventionelle Medizin behauptet, dass Du dir die Wirkung von dieser Placebo-Methode nur einbildest, weil sie nicht im hohen Ausmaß standardisiert werden kann, bzw. sie nicht wissenschaftlich belegbar und messbar ist. Später werden wir noch besprechen, dass der wahre Heilmechanismus eigentlich in der Aktivierung des parasympathischen Nervensystems und damit des Immunsystems besteht. Dass es diesen Mechanismus gibt und dass er wirksam ist, gesteht sich auch die Schulmedizin ein. Was diesen Mechanismus auslöst, kann vielseitig und sehr individuell sein – auch die Entspannung aufgrund einer Placebo-Methode. Auffällig und in seiner Wirksamkeit auch belegt, ist, dass viele komplementäre Methoden mit den Effekten der bewussten Tiefatmung arbeiten und darüber schlussendlich das Immunsystem aktivieren.

Aus dem Blickwinkel der Selbstheilungskräfte deines inneren Arztes – sprich deines Immunsystems – ist daher auf lange Sicht gesehen, alles oder gar nichts Placebo.

Denn in Wirklichkeit hat auch beispielsweise eine operative Entfernung eines Tumors, keine langfristige, direkte Wirkung auf deine Heilung. Wenn der Tumor entfernt ist, dann ist es noch immer eine Sache deines Immunsystems, eine ähnliche oder die gleiche Krankheit nicht wieder entstehen zu lassen. Wenn Du dies erreichen willst, hast Du gute Chancen das zu schaffen, indem Du dein gesamtes Verhalten im Leben überdenkst und limitierende und krankmachende Dinge veränderst – gleich ob mit Placebo, oder nicht und auch gleich, ob mit den Methoden dieses Buches oder mit anderen Techniken und Philosophien. Hauptsache die Anwendung wirkt – aber die Atmung als Mittel ist nun mal einfach und schnell bei der Hand. Bedenke in diesem Zusammenhang bitte, dass dein bisheriges Verhalten immer zu deiner jetzigen Situation beigetragen hat. Deshalb verändere dein Verhalten, wenn etwas in deinem Leben zum positiven verändern willst.

Trainingsziel: Entspannung

Das Grundrezept, das ich Dir hier für die gesundheitsfördernde Entspannung vorstellen will, ist denkbar einfach:

Bewusste Atmung + positives Denken

= Entspannung

Weshalb diese Form der Entspannung der heilige Krahl der Gesundheit ist, will ich Dir in diesem Kapitel erklären.

Im Kapitel über die Positiv-Negativ-Spiralen hast Du erfahren, dass es auf Basis unserer niederen menschlichen, aber körperlich bestimmenden, Instinkte nur zwei Zustände gibt: die Anspannung und die Entspannung. Die Anspannung ist mit dem sympathischen Nervensystem verbunden und die Entspannung mit dem parasympathischen Nervensystem. Beides sind Bestandteile unseres autonomen Nervensystems, das der Mensch nicht bewusst und direkt beeinflussen kann. Dieses steuert unsere ganzen körperlichen Funktionen, somit auch die Aktivität unserer Immunsystems, das unseren eigenen inneren Arzt darstellt. Immer wenn unser Körper in Anspannung ist, werden das Immunsystem und unsere Verdauung außer Kraft gesetzt. Dies kommt immer dann vor, wenn unsere niederen Instinkte unspezifische Gefahr wittern, gegen die wir uns entweder verteidigen oder vor ihr flüchten müssen. Es klingt für Dich zwar vielleicht etwas komisch, aber auf dieser grundlegenden geistigen Basis, sind wir nichts anderes als Säugetiere und unsere Instinkte sehen alles als einen Fressfeind – auch wenn es vielleicht nur ihr respekteinflößender Chef ist - bzw. als eine Gefahr für unser Leben an, oder eben einfach nicht. Wir kennen hier keine Abstufungen, auf der neurologischen Basis. Der eben beschriebene Zustand der Anspannung ist mit unserem Sympathikus verbunden. Dieser erhöht den Muskeltonus in unserem Körper und ist unser Leben lang gleich aktiv und sensibel auf unser Umfeld. Es ist ganz natürlich und ein überlebenswichtiger Mechanismus, dass er uns in Form von Ängsten, vor Gefahren im Leben, warnt. Nach jeder Angst und Anspannung solltest Du aber auch wieder entspannen und Dich beruhigen können, damit Du den körperlichen und geistigen

Stress wieder abbauen kannst, den Dir die Angst beschert hat. Hierfür ist der Parasympathikus zuständig. Dieser Anteil unseres autonomen Nervensystems wird immer dann aktiv, wenn wir etwas als positiv und angenehm empfinden – also wenn Du zum Beispiel Freude, Glück, Lust, Liebe usw. fühlst – sprich bei allen Gemütszuständen, wo Du ernsthaft lächeln kannst, ohne jemanden etwas vorzuspielen. Dies hat den Effekt, dass dein Immunsystem und deine Verdauung aktiviert werden. Die Leistungsfähigkeit deines Parasympathikus, als Gegenspieler zum Sympathikus, nimmt jedoch im Laufe deines Lebens ab, wenn Du ihn nicht bewusst trainierst, indem Du deinem Körper und Geist lernst, wie er sich entspannen kann. Dies ist auch der Grund, weshalb unachtsame Menschen immer schneller jähzornig und weniger belastbar werden, umso älter sie werden – sofern sie, wie gesagt, nicht aufmerksam werden und gegen diesen Mechanismus antrainieren.

Wenn Du kontinuierlich deine Entspannungsfähigkeit trainierst, wirst Du diese – ähnlich wie ein Profisportler seine sportliche Leistung – bei Bedarf, jederzeit abrufen können.

Wie Du später in diesem Buch noch erfahren wirst, sprechen wir hier nicht immer von einer Entspannung, bei der Du ganz ruhig und völlig alleine in einem Raum sitzen musst und dabei diverse Achtsamkeitsübungen ausführst. Sogar bei sehr aktiver sportlicher Aktivität ist es möglich, diese Entspannung zu erreichen. Hier nennen sie viele den Zustand des Flows – alles funktioniert perfekt und wie in Trance. Es geht bei diesem Zustand einzig und alleine um eine bewusste, rhythmische, eventuell vermehrte und tiefe Atmung und das Abschalten deiner Alltagsgedanken, in denen Du dich oft mit den Problemen deines Lebensweges befasst.

Um Dir die aktive Entspannung genauer erklären zu können, wollen wir uns zweier Begriffe der modernen Psychologie bedienen: Eustress und Distress.

Unter Eustress kannst Du eine Form von Stress verstehen, der Dich nicht belastet. Du nimmst diese, oft schnell auf Dich einprasselnden Reize als positiv und anregend wahr. Du siehst es als Herausforderung diese zu bewältigen. Diese Form von Stress ist beispielsweise in viele Aktion-Sportarten, wie Bungee-Jumping, usw. inkludiert. Jedoch wirst Du sicher verstehen, dass die Vorlieben der Menschen, in dieser Hinsicht, sehr individuell sind. Der eine liebt es, sich solchen Adrenalin-Kicks auszusetzen und für den anderen ist es völlig unsinnig und somit negativer Stress – aber zu diesem wollen wir erst später kommen. Den Eustress kannst Du auch in deinem Alltagsleben empfinden, in der Arbeit oder im Umgang mit deinen Familienmitgliedern – wenn dieser manchmal auch nicht einfach ist. Wenn Du Eustress empfindest, bist Du nicht gestresst im umgangssprachlichen Sinn – Du bist zwar aktiv und vielleicht sogar unter Druck, aber Du bist entspannt dabei. Du hast sozusagen einen souveränen Zustand der aktiven Entspannung.

Nun aber zum negativen Stress – dem Distress. Diese Form von Stress entsteht, wenn Du Situationen als belastend wahrnimmst. Du siehst die verbundenen Probleme nicht als Herausforderung, sondern als Hindernis, dass sich manchmal sogar als unüberwindbar, aus diesem Blickwinkel heraus, darstellt. Aus diesem Stress heraus können früher oder später, wenn er anhaltend ist und nicht bewältigt wird, Spannungen und Krankheiten entstehen.

Zwei wichtige Zusammenhänge solltest Du bei diesem Thema noch wissen.

Einerseits kann aus Eustress, aufgrund von unpassender Intensität und Häufigkeit oder auch zu langer Dauer, Distress werden. Du solltest also immer wieder hinterfragen, ob Situationen, die Dich früher motiviert und angespornt haben, Dich mittlerweile nicht doch negativ belasten. Ist dies der Fall, dann wirst Du durch diese Situationen im Moment keine notwendige Entspannung erzielen können. Ändere hier also dein Verhalten um die Situation wieder in einen entspannten und anregenden Zustand zu bringen. Verändere zum Beispiel deine berufliche Situation, wenn auch nur geringfügig, damit Dir deine Arbeit wieder Freude macht, wenn Du merkst, dass Dich deine momentane Tätigkeit mittlerweile belastet. Es kann hier sogar sein, dass die Tätigkeit und das Umfeld genau das Gleiche ist, wie früher – nur Du hast deine Einstellung verändert, um alles wieder genießen zu können. Oder vielleicht hast Du dir gerade eben mit der Zeit eine äußere Veränderung zu deinem Vorteil erwartet, die aber nun nicht eingetroffen ist. Die Realität sieht leider meistens so aus, dass Du dein eigenes Verhalten verändern musst, wenn Du Veränderungen haben willst – andere verändern Situationen für Dich meistens nicht, vor allem nicht, wenn Du nicht dein Verhalten veränderst und um Veränderung bittest oder sogar darum kämpfst. Aus einem tiefen Trieb heraus, scheut der Mensch instinktiv Veränderungen und daher ist es gut möglich, dass die Menschen gegen Dich arbeiten, wenn Du dich verändern willst – auch das sollte Dir bewusst sein. Deine Mitmenschen sehen oft Dinge auch anders, als Du.

Was mich zum zweiten wichtigen Zusammenhang kommen lässt. Jeder Mensch stellt in seinem Leben, Wertigkeiten über Situationen an und in diesem Bezug entstehen Gedanken über eine Situation. Diese Gedanken und Wertigkeiten können positiv oder negativ sein. Die Bewertungen werden jedoch nicht von außen vorgegeben, sondern entstehen immer in Dir selbst, aufgrund deiner Wertvorstellungen und bisherigen

Erfahrungen in deinem Leben. Was ich Dir damit klarmachen will, ist folgendes: Situationen sind nicht per se schlecht und müssen daher auch nicht zwingend negativen Stress in Dir erzeugen. Es ist deine unbewusst erarbeitete Interpretation der Situation, die den Distress verursacht. Wenn Du es schaffst, deine Interpretationen zu verändern – auch hier können Dir Atemübungen und Visualisierungen, bzw. ein achtsames Denken helfen – dann hast Du auch die Möglichkeit aus einer Distress-Situation, eine anregende und positive Eustress-Situation zu machen.

Wenn Du es mit einem gewissen Training geschafft hast, die Dinge um dich herum positiver zu sehen, dann wirst Du auch mehr Kraft finden, an den positiven Dingen in deinem Leben zu arbeiten – umso mehr positive Dinge, Du in deinem Leben hast, umso mehr wirst Du dich in Richtung Gesundheit orientieren. Nun sind wir wieder bei dem Prozess der Positiv-Negativ-Spirale angelangt, die Du von früher in diesem Buch schon kennst.

Trainingsgerät: Atmung

Wie ich Dir bereits zuvor erklärt habe, ist das Prinzip der bewussten Atmung so grundlegend und trotzdem kraftvoll, dass man es beruhigt von Spiritualität und komplexen Theorien unberührt lassen kann, ohne dessen Effektivität einzubüßen. Du willst mit dem Atemtraining eigentlich auf dein emotionales Gehirn (es besteht aus limbischen System und Reptiliengehirn) einwirken. Dies ist die grundlegende Basis deines Gehirns – dass den Mechanismus des Sympathikus und Parasympathikus steuert, den wir im vorigen Kapitel genauer besprochen haben. Da unser emotionales Gehirn nicht logisch denkt, sondern auf der Basis von Instinkten reagiert, ist es zwar als Koordinator unserer körperlichen Funktionen und somit unserer Gesundheit, sehr mächtig, aber nicht hochintellektuell. Es lässt sich oft für einen gewissen Glitzer und Glanz begeistern, die verschiedene spirituelle und esoterische Methoden an sich haben, versteht aber meistens die Hintergründe des spektakulären Schauspiels nicht – auch dies haben wir über Spezialisierungen und gesundheitsfördernde Methoden bereits besprochen. Die Einfachheit des emotionalen Gehirns ist für alle Menschen sehr ähnlich, gleich welchen Bildungsstand sie haben – die Einen wissen eben über den Mechanismus Bescheid, auch wie sie ihn beeinflussen können und die Anderen nicht. Nach diesem Buch wirst Du definitiv zu den Wissenden gehören.

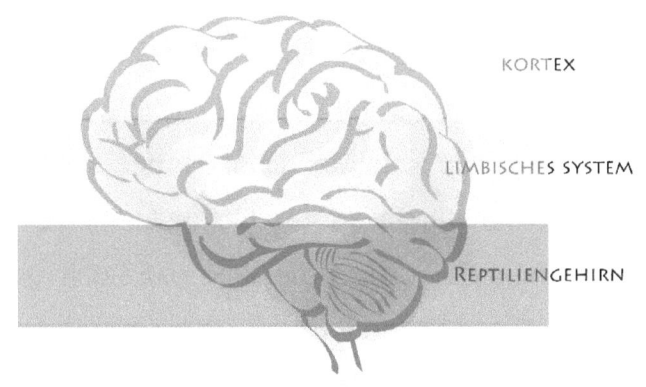

KORTEX

LIMBISCHES SYSTEM

REPTILIENGEHIRN

Fakt ist aber, dass es keine komplizierten Systeme braucht, sie sogar manchmal hinderlich sind, wenn wir unserem emotionalen Gehirn etwas beibringen wollen. Du kannst nun zu Recht fragen, warum diverse spirituell orientieren Systeme, wie Yoga, Tai Chi, Qi Gong und Meditationen bei vielen Menschen so beliebt sind – die Antwort ist sehr einfach: Sie beeindrucken uns moderne Menschen, sowohl intellektuell, als auch auf einer niederen emotionalen Basis. Sie ziehen unsere

Aufmerksamkeit auf sich, weil sie mit Bewegung, Atmung und Anmut – also Schönheit – zu tun haben, die in uns ein positives Gefühl auslösen und der Praktizierende fühlt auch instinktiv, dass sie wirken. Nur wie viele Menschen starten sehr aktiv, begeistert und motiviert mit solchen Methoden und beenden nach kurzem diese Praxis auch gleich wieder? Diese Methoden sind wie ein neues, tolles, farbiges und faszinierendes Spielzeug, das auf ein Baby wirkt. Nur wie oft landen Spielzeuge, wenn sie nicht zu 100 % zu uns passen und uns den tieferen Sinn individuell vermitteln können, irgendwo in einer Ecke eines Kinderzimmers oder bestenfalls weggeräumt in einer Spielkiste?

Warum daher nicht gleich mit dem tieferen Sinn beginnen und das ganze Glänzen und große Aufmerksamkeit erregen, weglassen? Dann liegt es nur mehr ganz ehrlich bei Dir, ob Du das nachhaltige Interesse aufbringen willst, etwas für deine Gesundheit zu tun und nicht daran, ob die

Methode, die Du gerade versuchst, Dir auch auf Dauer gefällt.

Versteh mich bitte nicht falsch – ich schätze alle Methoden, die den einzelnen, individuellen Menschen dazu bringen, sich zu entspannen und somit gesund zu leben – aber eigentlich sind einige Methoden, mehr oder weniger eine List, um Abläufe zu aktivieren, die anders und einfacher auch funktionieren. Auch sollst Du bitte wissen, dass ich hierbei die Tatsache völlig außeracht lasse, dass gewisse Körperübungen wie Yoga, Tai Chi, oder Qi Gong auch einen rein körperlichen Trainingseffekt haben. Ich spreche viel mehr über den wahren, methodenübergreifenden Kern und Sinn dieser Methoden – die Vitalitätssteigerung. Für diesen brauchst Du in Wirklichkeit zwei Dinge, die ein Großteil dieser komplementären Methoden gemeinsam haben: Tiefe, bewusste Atemzüge und positive Gedanken bzw. einen positives Empfinden im Moment des Übens. Wie man nur dies alleine am besten in Übungen verpackt, zeige ich Dir auf den nächsten Seiten.

Ein großer Vorteil von reinem und puristischen Atemtraining, so wie Du es in diesem Buch dargestellt bekommst, ist folgender: Du brauchst in Wirklichkeit keinen bestimmten Ort oder eine bestimmte Körperhaltung, ja nicht mal eine bestimmte Tätigkeit, wie das klassische Meditieren. Du kannst dies alles individuell wählen, solange Du dich auf deine Übungen konzentrieren kannst, ohne, dass Dich dein Umfeld ablenkt und Du zur Ruhe kommen kannst.

Wichtig ist jedoch in der heutigen Zeit und gerade für Menschen, die im städtischen Raum leben, die Qualität der Atemluft, die wir allgemein, auch abseits des Atemtrainings, einatmen. Wie Du später im Buch noch erfahren wirst, ist der Sauerstoff, den Du einatmest, relevant für deine Energiegewinnung aus der Nahrung und der Flüssigkeit, die Du zu Dir nimmst. Versuche daher, auch wenn Du in einer Großstadt leben solltest, zumindest deine Freizeitgestaltung so zu wählen, dass Du möglichst viel und regelmäßig an die frische Luft kommst. Vergleiche die Atemluft doch bitte einfach mit der Nahrung, die Du gewöhnlich isst. Erwartest Du, dass Du, auf lange Sicht gesehen, gesund bleibst, wenn Du andauernd nur verdorbene Nahrung konsumierst und schlechtes, abgestandenes Wasser trinkst? Vielleicht ist es mit dem Thema der Luft in der Großstadt nicht ganz so drastisch, aber zumindest vergleichbar ist die Situation durchaus.

Atemübungen

Alle Atemübungen, die ich Dir im weiteren Verlauf dieses Buches zeigen möchte, haben die Eigenschaft, Dich in einen ausgeglichenen Zustand zu bringen, aber Dich auch zu vitalisieren. Was Du mit dieser Vitalität in weiterer Folge anstellst ist dann Dir überlassen. Du kannst die meisten dieser Übungen abends, vor dem zu Bett gehen, machen. Die Übungen eignen sich aber auch ausgezeichnet, um während des Tages, deine Batterien wieder aufzuladen bzw. auf einem vollen Level zu halten. Ob Du die gewonnene Kraft, mit dem Schlaf, für den nächsten Tag aufhebst, oder sie gleich kreativ nutzt, ist Dir überlassen.

Folgende Punkte sind für alle Atemtrainings wichtig:

1. Bei jeder Übung geht ein Vorgang des positiven Denkens mit einher. Eine bewusste Tiefatmung gepaart mit einer negativen Gedankenspirale bringt wenig bis gar nichts. Es sollte Dir bewusst sein, dass Du nicht nur bewusst atmen, sondern gegebenenfalls auch deine Gedanken modifizieren, solltest.

2. Um einen guten Atemrhythmus zu erhalten, empfehle ich Dir das Einatmen über die Nase und das Ausatmen über den Mund zu

wählen. Hierdurch erhältst Du einen stimmigen und angenehmen Atemzyklus, der dich besser entspannen lässt. Nach jedem Einatmen bzw. Ausatmen machst Du am besten eine Atempause – so lange, wie es sich für Dich gut und stimmig anfühlt.

3. Mache die Atemzüge so tief, dass sich deine Bauchdecke mit der Atmung mitbewegt. Dies hat einen aktivierenden Effekt auf unseren Entspannungszustand über das parasympathische Nervensystem. Weiter bekommst Du hierdurch, fast wie ganz von alleine eine ruhige aber starke Atmung, die mehr Sauerstoff zu deinen Zellen befördert und dort benötigst Du den Sauerstoff um Energie aus deiner Nahrung zu gewinnen.

Sollte es weitere konkrete Dinge bei den einzelnen Trainings zu beachten geben, wirst Du dies in den jeweiligen Kapiteln erfahren.

Viele Menschen schrecken vor dem Begriff der Energie zurück, da sie diesen aus diversen esoterischen Weltbildern heraus, als abgehoben und nicht greifbar betrachten. Jedoch, sofern man die besagten esoterischen Weltbilder außen vorweg lässt, so braucht jeder Mensch, Energie zum Leben. Diese gewinnt er aus seiner Nahrung, der Flüssigkeit die er zu sich nimmt und dies alles mit Hilfe von Sauerstoff, den er einatmet. Selbst die Fettverbrennung des eigenen Körperfetts zur Energiegewinnung funktioniert unter Zufuhr von Sauerstoff. Rein theoretisch kann man sich also rank und schlank atmen.

Weiter habe ich Dir zuvor erklärt, dass ein entspannter Körper, seine Verdauung, zur Nährstoffgewinnung aus der Nahrung, aktiv hält. Mit entspannenden Atemübungen tust Du daher genau dies – deine Verdauung verbessern.

Wie sieht nun die konkrete Atemübung aus, die Du zur Vitalitätssteigerung benötigst:

Diese ist denkbar einfach. Mache bewusste, tiefe Atemzüge, sodass sich deine Bauchdecke mit der Atmung mitbewegt. Beobachte bei jedem Einatmen ganz genau, wie sich deine Bauchdecke auf und ab bewegt. Bei jedem Ausatmen konzentrierst Du dich auf deine Herzgegend und lässt hier ein warmes, kraftvolles und energiegeladenes Gefühl entstehen. Mit der Zeit wirst Du beim Ausführen der Übung bemerken, wie viel ausgeruhter und kraftvoller Du dich fühlst – dies kann bis zu einem Kribbeln am ganzen Körper führen.

Durch die Atmung gepaart mit der positiven Konzentration auf deine Herzgegend, rhythmisierst Du deinen Herzschlag – auch in Aktivität, wenn Du einen hohen Puls hast, schlägt dein Herz in gleichmäßigeren Abständen.

Dies ist die beste Voraussetzung, deine Verdauung zu aktivieren und damit deine Energiebereitstellung für deine Tätigkeiten zu optimieren. Diese Atemübung kannst Du in Zukunft auch einleitend vor den anderen Übungen machen, um zur Ruhe zu kommen – sozusagen als Start-Ritual für dein Training.

Aktivitäten meditieren

Ich habe Dir bereits zuvor gezeigt, dass es nicht zwingend darum geht, ruhige Entspannung mit Hilfe deiner Atmung zu erzeugen. Im Grund genommen kannst Du dein Atemtraining bei jeder Tätigkeit ausführen. Es geht rein darum, deine Atmung rhythmisch werden zu lassen, und Dich voll auf deine momentane Tätigkeit zu konzentrieren, ohne ablenkende Gedanken zu bekommen.

Du kannst zum Beispiel das Geschirr abwaschen zur Entspannung nutzen, aber auch Laufen oder

Staubwischen können eine gute Tätigkeit dafür sein. Wichtig dabei ist nur, dass Du die Tätigkeit als positiv wertest – sprich auch wenn Du eine aktive Tätigkeit, mit vielen Reizen unter Zeitdruck, ausführst, sollte diese in Dir einen Eustress erzeugen.

Bedenke hierbei bitte, dass es deine Interpretation der Tätigkeit ist, ob Du positive oder negative Gefühle dabei empfindest. Bereits aus dem alten China kennt man die Aussage, dass die kleinsten und alltäglichsten Tätigkeiten keine nervige Last darstellen sollen, sondern auch wichtig und bedeutend für dein Leben sind. So kannst Du fast jede Tätigkeit als positiv ansehen und für deine Atemübungen nutzen. Sei zufrieden mit dem, was Du im Moment tust und hast.

Nimm Dir also eine Tätigkeit, wie einen Spaziergang, deinen Fußweg zur Arbeit, oder auch einen Lauf, konzentriere Dich voll auf jede Bewegung, die Du machst. Achte darauf, wie sich der Boden unter deinen Füßen anfühlt. Es geht hierbei darum, deine Aufmerksamkeit auf den Moment zu lenken und Dir eine kurze Pause von den Alltagsgedanken, über vergangenes oder zukünftiges, zu gönnen, die Du sonst vielleicht während solchen Tätigkeiten hast. Versuche dabei möglichst gleichmäßig zu atmen. Oft hilft es dabei, den Blick weich werden zu lassen, also zu defokussieren, bzw. ins Leere gehen zu lassen.

Wenn Du dich nach deiner Tätigkeit selbst fragst, wie es Dir geht, so wirst Du bemerken, dass Du entspannter, aber auch gleichzeitig leistungsfähiger, als vor deiner Tätigkeit, bist.

Genauso kannst Du, mit etwas Übung, jede Tätigkeit deines Alltages ausführen – dies ist der gleiche Zustand, den Du in vielen Meditationspraktiken erreichen sollst. Meditiere sozusagen, mit voller Aufmerksamkeit, jede Bewegung, die Du den ganzen Tag über machst.

Wenn Du dich sowohl mit Meditationen, als auch mit weniger spirituellen Techniken, wie dem Autogenen Training befasst, so wirst Du immer wieder den Ratschlag finden, nicht zu denken, bzw. Gedanken, die Dir während deiner Übung kommen – gleich ob positiv oder negativ - immer wieder fort zu senden. Etwas Ähnliches habe ich Dir auch im letzten Kapitel vorgeschlagen, jedoch sollte man einen solchen Zustand nicht erzwingen – es gibt hier andere Wege, wie die Möglichkeit, deine Aufmerksamkeit auf eine Sache oder einen Gedanken zu kanalisieren. Der Mensch denkt unentwegt und immer – eine wahre Gedankenpause und den Kopf völlig leer zu machen, ist eigentlich wider der Natur des Menschen.

Ich schlage Dir daher etwas Besseres vor:

Konzentriere Dich während deiner Atemübung, auf einen Punkt, den du konstant betrachten kannst – beispielsweise ein Baum in einem Park, vor dem Du sitzt, ist gut – beginn dann Entspannung / Vitalität / Genesung in deinem Inneren zu denken und zu fühlen. Solltest Du mit deinen Gedanken trotzdem in etwas Anderes abschweifen, dann kannst Du auch den Gegenstand, den Du betrachtest, noch genauer unter die Lupe nehmen. Dies lenkt die Gedanken sehr gut, von einem negativen Muster, ab. Gar nicht zu denken ist sehr schwer – viele Meditationslehren und auch das autogene Training empfehlen, wie gesagt, Gedanken gleich wieder ziehen zu lassen. Warum sollen wir uns aber gegen eine so grundlegende Eigenschaft des menschlichen Daseins – das Denken – währen. Versuche deine Gedanken viel mehr auf etwas Positives zu kanalisieren – also auf deine Entspannung, Vitalität und Genesung – dies ist einfacher, als nicht zu denken und ähnlich effektiv. Eigentlich geht es hierbei nämlich um die Pause von den Alltagsgedanken, die sich bei vielen Menschen oft mit Ängsten und anderen negativen Dingen beschäftigen. Denke daher bei Atemübungen entweder gar nicht, oder wenn dies nicht leicht geht, dann kreiere positive Gedanken.

Selbstsuggestionen mit Hilfe der Atmung

Wie Du später in diesem Buch noch genauer erfahren wirst, stehen deine Gedanken und deren Umsetzung in untrennbarer und enger Verbindung zu deiner Atmung. Diese gibt dem Wechselspiel zwischen innerer Haltung und äußerer Realisierung sozusagen einen natürlichen Rhythmus.

Ein positiver Gedanken ist wie der Samen einer wunderschönen Pflanze. Die erblühte Pflanze ist die positive Realisierung deines Gedanken. Alle positiven Dinge in deinem Leben, haben ebenfalls einmal mit einem Gedanken begonnen, der vergleichbar mit einem Samen ist. Wenn Du also ein positives Ziel gefasst hast, dass Du nachhaltig verfolgen willst, dann hege, pflege und nähre diesen Gedanken und setze ihn in der äußeren Welt auch weiter um. Dann wird er irgendwann ausgewachsene und blühende Realität, wie eine wunderschöne Blume, die aus dem Samen entstanden ist.

So kannst Du dir sogar regelrecht einreden oder suggerieren, dass Du einen gesunden Geist und einen fiten Körper hast. Hierfür kann Dir der Atem den Rhythmus geben. Versuche folgende Übung:

Mach vor der eigentlichen Übung bitte zwei, drei tiefe Atemzüge und komme zu Dir – deine Aufmerksamkeit soll auf deinem Empfinden und deiner Ausstrahlung liegen und nicht auf den Dingen, die um Dich passieren, wenn Du mit dieser Übung beginnen willst.

Nun fasse während eines tiefen, langsamen und entspannten Einatmens einen Gedanken, der deiner Gesundheit dienlich ist. Ein gutes Beispiel hierfür wäre:

Ich bin gesund und vital!

Bitte formuliere deine Gedanken immer positiv – drücke immer aus, was Du haben willst, und nicht was Du vermeiden oder bekämpfen willst. Die Aussage „ich will nicht mehr krank sein" wäre also keine richtige Formulierung, so wie die Obere eine ist.

Nach dem Einatmen, während der darauffolgenden Atempause, bei der Du die eingeatmete Luft kurz in Dir hältst, stelle Dir vor, wie es sich anfühlt und aussieht, wenn Du gesund und vital bist. Lass hierfür ein klares Bild vor deinem inneren Auge entstehen. Mit dem Ausatmen wirst Du zum Schauspieler – du verkörperst während des langsamen und bewussten Ausatmens, dieses innere Bild von Dir selbst, dass Du zuvor gemalt hast. Zeige der ganzen Welt, dass Du der gesündeste und vitalste Mensch sein kannst, den es gibt und freue Dich dabei mit einem breiten Lächeln.

Wiederhole diesen Atemrhythmus, solange und sooft, wie Du willst – Du kannst diese Selbstsuggestion zum Beispiel den ganzen Tag lang, immer anwenden, wenn Du nichts Besseres zutun hast, weil Du gerade in der in der U-Bahn sitzt, oder mit dem Auto im Stau stehst, usw.

Mit der Zeit wirst Du merken, dass Du dir diesen Zustand nicht mehr einreden musst, du hast den Gedanken verkörpert und in die Realität umgesetzt.

Spiel der Gegensätze

Oft halten wir, aufgrund eines antrainierten, unbewussten Verhaltens, viel Spannung in unseren Muskeln. Diese Spannung ist Dir vielleicht gar nicht gewusst. Starte bitte kurz einen Versuch mit mir:

Ohne irgendetwas an deiner momentanen Körperhaltung zu verändern, betrachte bitte kurz die Höhe, auf denen Du deine Schultern hältst. Jetzt mach einen tiefen Atemzug, und mit dem Ausatmen, lass deine Schultern einfach fallen, ohne allgemein eine andere Körperhaltung einzunehmen und beispielsweise Rundschultern zu machen, oder in eine Haltung zu gehen, in der Du deine Muskeln bereits aktiv dehnst. Wie viele Zentimeter waren es, die Du nachlassen konntest? 5 Zentimeter, 10 Zentimeter? Wenn deine Schultern gleich geblieben sind, bist Du entweder bereits sehr aufmerksam, auf eine entspannte Körperhaltung, oder Du hast die Spannung hier bereits so manifestiert, dass Du sie bewusst gar nicht mehr loslassen kannst. Solch ein Verhalten kannst Du übrigens überall in deinen Muskeln, am ganzen Körper gespeichert haben. Ich habe den Bereich der Schultern für diesen Versuch gewählt, da ich weiß, dass dieser Bereich, bei den meisten

Menschen, aufgrund des heute häufigen Lebensstils, gerne unter unbewusster Spannung, stehen.

Du kannst Dich zurecht fragen, weshalb Du dieses Verhalten an den Tag legst? Oft hat es etwas mit Distress-Situationen zu tun, denen Du öfters ausgesetzt bist. Bei dieser immer wiederkehrenden Situation, ziehst Du beispielsweise aus Angst deine Schultern hoch. Mit der Zeit lernst Du deinem Körper ganz unbewusst, diese Muskelspannung ein und auch wenn gerade keine dieser besagten Situationen vorhanden ist, haltest Du trotzdem diese Spannung.

Wenn Du beispielsweise den ganzen Arbeitstag und das fünf Tage die Woche, mit angezogenen Schultern im Büro sitzt, weil Du Angst vor irgendwas oder irgendjemanden hast, ist es sehr gut möglich, dass Du diese angezogenen Schultern, aber auch dieses ängstliche Verhalten, früher oder später, in dein restliches Leben integrierst.

So viel zu dem Gedankenansatz, der der folgenden Übung zugrunde liegt.

Im besten Fall hast Du durch unseren vorigen Versuch erfahren, wie Du mit unbewusst angespanntem Verhalten im Bereich deiner Muskeln umgehen kannst und hast hiermit die Möglichkeit, mit dem besagten, tiefen Atemzug, deine Spannungen immer wieder loszulassen. Dies ist bereits eine Übung für sich. Machst Du diese Übung regelmäßig, so wird der trainierte Bereich deines Körpers allgemein entspannter werden, bzw. schneller wieder entspannen, wenn er doch einmal unter Anspannung gerät.

Im schlechtesten Fall hast Du den Versuch durchgeführt und hast festgestellt, dass Du Spannungen in deinen Schultern hast, konntest diese aber nicht loslassen. Dann kann Dir vielleicht die folgende Übung helfen:

Manchmal sind die Muskeln unseres Körpers schon in so einer Starre, dass sie auf einfaches lockerlassen, trotz der Unterstützung durch eine bewusste Atmung, nicht reagieren können. Hier kann es helfen, dem Muskel die Gegensätze aufzuzeigen. Setze dich bitte aufrecht hin, und mache folgendes: Ich zeige Dir das Beispiel wieder anhand deiner Schultern. Bei dieser Übung empfiehlt sich ausnahmsweise ein ruhiger Ort, an dem Du alleine bist – es könnte nämlich sonst sein, dass Du dein Umfeld bzw. die Menschen um Dich, mit dieser Übung etwas irritierst, wenn sie nicht wissen, was Du tust. Dies könnte Dich auch weiter am Loslassen hindern, weil Du dich beobachtet fühlst. Wenn Du aufrecht sitzt, mach bitte zwei, drei normale, tiefe Atemzüge, so wie wir sie schon kennen. Wenn Du zur Ruhe gekommen bist, kann es losgehen. Mit dem nächsten Einatmen, möchte ich bitte, dass Du deine Schultern so nahe wie möglich in Richtung Kopf ziehst. Zieh die Schultern richtig an und versuche dabei wirklich so nahe es geht mit ihnen an deinen Kopf, zu kommen. Verstecke deinen Hals regelrecht. Hierdurch spannst Du die Muskeln deines Nackens und deiner Schultern maximal an. In der Atempause, in der Du die Luft kurz anhältst, betrachte bitte ganz bewusst die Spannung, die Du in deinen Schultern hältst. Danach atmest Du aus. Mit dem vollen ausatmen – so lange, bis Du wirklich keine Luft mehr in Dir hast, lässt Du die Schultern sinken und entspannst sie völlig. In der nächsten kurzen Atempause nach dem Ausatmen, in der Du keine Luft in dir hältst, betrachte bitte, wie entspannt deine Schultern sind. Machst Du diesen Atemrhythmus mehrmals hintereinander, wirst Du feststellen, dass Du deine Schultern immer lockerer lassen kannst.

Ein schöner Nebeneffekt dieser Übung ist, dass du nach einiger Zeit – wenn Du diese Übung mehrere Minuten machst – feststellen wirst, dass Du dich

allgemein vitaler fühlst. Umso entspannter Du bist
– das gilt auch bereits für einen Teil deines Körpers
– umso mehr Vitalität erzeugst Du bzw. umso mehr
Kraft hast Du zur freien Verfügung, weil nun deine
Spannungen nicht mehr aufrecht erhalten werden
müssen. Denn Spannungen binden nämlich deine
Vitalkraft, sodass sie nicht mehr frei zur Verfügung
steht.

Atem-Aufmerksamkeits-Übungen

In diesem Kapitel will ich Dir eine Atemübung vorstellen, mit der Du ebenfalls, Spannungen, aber bereits auch Schmerzen begegnen kannst.

Was ist Schmerz eigentlich? Schmerz ist ein Hilfeschrei deines Körpers, wenn er mit Spannungen, die Du aufgebaut hast, nicht mehr zurecht kommt, sie nicht mehr beseitigen kann, oder sich nicht mehr selbst so verändern kann, dass die Spannung akzeptabel wird. Dein Körper möchte sozusagen, dass Du deine bewusste

Aufmerksamkeit auf das Problem bzw. die schmerzende Stelle legst. In Wirklichkeit ist das Schenken von Aufmerksamkeit, sowohl zwischen Menschen, als auch bei einem Menschen für sich selbst, auf einen gewissen Teil von ihm, eine Sache, die großes Heilungspotential in sich trägt. Es gibt beispielsweise in der traditionellen hawaiianischen Medizin eine sehr alte Methode, die sich Laulima nennt. Wir würden im westlichen Sprachgebrauch, Handauflegen dazu sagen. Nun kannst Du natürlich von der Methode des Handauflegens halten, was Du willst und es als Quacksalberei abtun, aber die Hawaiianer machten hier einen entscheidenden und relevanten Unterschied, bei ihrer Methode. Sie nannten einen anderen Grund, weshalb sie dies taten. Meistens behaupten die verschiedenen Systeme des Handauflegens, dass sie Energie durch die Hände senden, sie entziehen oder Energien im Körper des Empfängers, neu verteilen.

Bei Laulima ist die Intention eine ganz andere. Laulima wird durchgeführt, um dem Hilfesuchenden, ungeteilte Aufmerksamkeit zu schenken. Mit der Berührung durch die beiden Hände, zeigt der Geber, dem Empfänger, dass er für ihn da ist. Aufmerksamkeit, Mitgefühl und Nächstenliebe haben große Macht für die Entspannung von Problemen.

Du machst diese Methode sicher ähnlich bei Dir selbst – auch wenn nur unbewusst. Wenn Du dir beispielsweise das Knie an einem Möbel stößt und es schmerzt, ist deine erste Reaktion, dass Du deine Hand auf dein Knie legst – Du schenkst deinem Knie, Aufmerksamkeit und unterstützt dies durch Berührung.

Du kannst deinem Körper aber auch Aufmerksamkeit schenken, ohne ihn zu berühren. Dies funktioniert mit der folgenden Atemtechnik:

Nimm bitte, einleitend wieder zwei, drei tiefe Atemzüge, wie wir sie immer tun. Wenn Du innerlich zur Ruhe gekommen bist, sodass Du deine Aufmerksamkeit auf Dich und nicht auf dein Umfeld legen kannst, dann kann die Übung beginnen. Konzentriere Dich bei dem nächsten tiefen Einatmen bewusst auf deine Nase und stell Dir vor, wie Du entspannende Luft in Dich aufsaugst. Oft hilft es den Effekt zu verstärken, wenn Du dir vorstellst, dass Du entspannenden Rauch – wie zum Beispiel von einen gut riechenden Räucherwerk – in Dich einziehst. Nach dem Einatmen folgt wieder die kurze Atempause, in der Du nachfühlst, wie kraftvoll sich die frische Atemluft in Dir anfühlt. Mit dem Ausatmen durch den Mund, sendest Du diese Kraft, oder den eingeatmeten Rauch als Sinnbild für diese Kraft, an die Stelle, die Dich schmerzt. Umhülle diese Stelle mit dieser gesunden Vitalität und entspanne diese Stelle dadurch. Lasse alle Spannung von dieser Stelle abgleiten, die Du bereit bist abzugeben. Solltest Du Probleme haben, deine

Aufmerksamkeit auf die besagte Körperstelle zu legen, kannst Du die Stelle auch gerne, beispielsweise mit deiner Hand, berühren oder dich irgendwo mit dieser Stelle anlehnen, während Du die Übung machst. Dann fällt Dir das Verlagern deiner Aufmerksamkeit dorthin, sicherlich leichter.

Nach einigen dieser Atemrhythmen, wirst Du bemerken, dass der Schmerz geringer geworden ist. Dein Körper muss den Schmerz nicht mehr erzeugen, denn Du hast seinen Hilfeschrei wahrgenommen und deine Aufmerksamkeit und Entspannung dazu eingesetzt, ihm zu helfen.

Konfliktlösung durch Atmung

Jeder Mensch hat im Laufe seines Lebens, Konflikte bzw. Steine, die seinen Weg versperren. Konflikte sind notwendig, um aus ihnen zu lernen und als Persönlichkeit an ihnen zu wachsen. Relevant ist daher, mit seinen Steinen zu arbeiten und sie für positive Lerneffekte zu nutzen.

Nimm also die Steine deines Lebens, lass sie nicht in deinem Weg liegen, sondern verarbeite sie zu Pflastersteinen, mit denen Du deinen festen und positiven Lebensweg pflastern kannst.

Eine Möglichkeit dies zu tun, ist die Konfliktlösung mit der Hilfe der Atmung, wie ich sie Dir in diesem Kapitel vorstelle:

Kennst Du das Sprichwort „Mir ist gerade ein Stein vom Herzen gefallen!"? Oft fühlen sich negative Emotionen, die wir durch Konflikte bekommen, wie ein Stein am Herzen oder ein Klumpen im Magen an. Es kann auch ein Kloss im Hals sein, wenn man sich nicht traut, seine Meinung kund zu tun. Mit dieser Vorstellung wollen wir, auch bei dieser Übung, arbeiten.

Zuerst ist es aber wichtig, dass Du, wenn Du gerade in so einer Konflikt-Situation bist, bewusst wahrnimmst, was gerade in Dir vorgeht. Akzeptiere, dass Du gerade eine negative Einstellung bzw. negative Gefühle hast, die sich in

Form einer körperlichen Empfindung – Stein auf dem Herzen, Klumpen im Magen, Kloss im Hals – äußern. Wie wir bereits früher in diesem Buch besprochen haben, hast Du, aufgrund deiner Wertigkeiten und Interpretationen, diese innere Situation in Dir erzeugt. Um diese Situation wieder zu entspannen und wieder Platz für positive Gedanken zu schaffen, werden wir deine negative körperliche Empfindung abatmen und damit auch gleich die negative Emotion verschwinden lassen. Wie wir ja gerade besprochen haben, ist dieser Stein oder Klumpen ja in Wirklichkeit diese negative Emotion.

Wenn Du also akzeptiert hast, dass Du negativ bist und dein Verhalten bzw. deine Gedanken zum positiven verändern willst, dann nimm bitte wieder ein, zwei, drei einleitende, tiefe Atemzüge und bereite Dich geistig auf deine Übung vor. Wenn Du bereit bist, dann packe mit dem nächsten tiefen Einatmen, deine Empfindung, die in Dir entstanden *ist und verzeihe Dir selbst, dass Du sie erzeugt hast. Das, sich selbst Verzeihen ist ein zentraler Punkt, bei dieser Übung – denn nur, wenn Du akzeptierst und verzeihst, kannst Du Verantwortung für deine momentane Gefühlswelt übernehmen und dadurch selbst aktiv werden. Schiebst Du die Verantwortung auf andere ab, glaubst Du irrtümlich, dass nur die Anderen dich von dieser negativen Einstellung erlösen können – das funktioniert leider nur in den seltensten Fällen.*

Nun, da Du deine Spannung gepackt hast und Du durch dein Eingestehen von eigener Schwäche und Fehlbarkeit bereit bist, diese Spannung loszulassen, atme mit dem Ausatmen, diese ganze negative Spannung aus Dir hinaus. Lass fühlbar alle Luft aus Dir heraus. Du kannst Dir dabei vorstellen, wie der Stein, oder was auch immer Du fühlst, aus deinem Mund schwebt – förmlich von der Atemluft getragen.

Anschließend rate ich Dir, ruhig weiter zu atmen und nachzufühlen, wie sich die Stelle in deinem Körper anfühlt, wo Du das negative Gefühl hattest. Ist das negative Gefühl bereits ganz fort, oder zumindest kleiner geworden? Manchmal, vor allem wenn Du bereits Übung in dieser Technik hast, reicht ein Atemzug aus, um ganze Felsbrocken von deinem Herzen zu entfernen. Sollte das Gefühl aber noch immer da sein – hoffentlich ist es aber zumindest etwas kleiner sein – dann mache die Übung so lange weiter, bis Du die Spannung, Stück für Stück, abgeatmet hast.

Wenn sich gar keine Veränderung – auch nach mehreren Durchgängen – einstellt, solltest Du hinterfragen, ob Du dir selbst vergeben konntest, oder ob Du wirklich bereit bist, mit diesem negativen Thema abzuschließen.

Das Abschließen mit dieser negativen Situation, am Ende dieser Übung ist ein weiterer wichtiger Punkt: Wenn Du beschlossen hast, dass Du mit der

Übung fertig bist, lasse ein fröhliches und dankbares Gefühl in Dir entstehen und achte darauf, dass Du nicht mehr wieder, in das negative Thema zurückrutscht – diese Tendenz liegt nämlich oft in der naturgegebenen Eigenschaft des Menschen. Man braucht oft ein wenig Zeit der bewussten Aufmerksamkeit, um aus dem Hamsterrad des negativen Denkens auszubrechen und sich auch selbst nicht wieder hineinzustecken.

Authentizität durch die Atmung

Nun möchte ich zu der letzten praktischen Übung aus diesem Buch kommen. Wie Du bis jetzt sicher bemerkt hast, geht es in Wirklichkeit um die Verbindung und Beeinflussung von körperlichen und geistigen Zuständen, mit der Hilfe der Atmung. Um wirklich gesundheitsorientiert zu leben, sollten wir sowohl geistige als auch körperliche Gesundheitsförderung betreiben. Eine negative Einstellung bewirkt Spannungen, die zu körperlichen und geistigen Krankheiten werden können und eine positive Einstellung – die Du mit den bisherigen Übungen aus diesem Buch fördern kannst – dient zur Entspannung und deiner Gesundheit.

Positive Gedanken sind also gut und negative Gedanken schlecht. Nun gibt es aber noch eine Sache, die schlimmer ist, als negative Gedanken – negative Gedanken, die man unterdrückt, nicht verändert, oder verkörpert. Die schlimmsten Spannungen treten auf, wenn Du eine Situation negativ bewertest, aber trotzdem gute Miene zum bösen Spiel machst.

Die letzte Übung ist daher weniger eine Übung, sondern eine Lebenseinstellung für sich. Vereinfacht ausgedrückt, fasst Du immer beim Einatmen einen Gedanken, erstellst damit eine Wertigkeit und erzeugst eine Emotion bzw. ein Gefühl. Beim Ausatmen verkörperst Du dann, im Idealfall, deine innere Gefühlswelt. Oft machen die Menschen aber leider die besagte gute Miene zu bösem Spiel, weil sie gelernt haben, dass sich in einer konkreten Situation, kein negativer Ausdruck bzw. negative Reaktion gehört. Viele Menschen haben auch gelernt, dass sie mit einer negativen Reaktion, in einer problematischen Situation, nicht so effektiv an ihr Ziel kommen und schauspielern eine positive Einstellung nach außen hin, obwohl sie innerlich vor lauter Wut kochen. Das mag wohl richtig sein, jedoch kann es sein, dass genau dieses Verhalten das eigentlich höchste Ziel eines jeden Menschen gefährdet – die langfristige Gesundheit – auch wenn es nicht jedem bewusst ist. Eine Unstimmigkeit zwischen innerer Gefühlswelt und äußerem Verhalten kann im hohen Ausmaß, gesundheitsschädigend sein.

Ich rate Dir daher folgendes: Förderlich für deine Gesundheit ist es, wenn Du die Übungen aus diesem Buch beherzigst und regelmäßig deine Entspannungsfähigkeit trainierst. Du wirst nach einiger Zeit bemerken, dass Du auch nach

Problemsituationen schneller wieder entspannt wirst bzw. während Konflikten ruhiger bleiben kannst.

Helfen alle diese Ratschläge und Übungen nichts, dann rate ich Dir, für die konkrete Situation, eines: Verleihe deinem Wunsch nach Veränderung bzw. nach Verbesserung, Ausdruck – sprich mit den anderen Betroffenen oder Beteiligten über die Situation und erkläre ihnen auf ehrliche, möglichst höfliche, aber bestimmte Art und Weise, was Dich stört. Mache dies so, dass Du nach dem klärenden Gespräch, Frieden mit der Sache schließen kannst. Dies funktioniert am besten, indem Du zur Gänze alles, aus deiner vernünftigen Sicht, mögliche, zur Klärung der Verhältnisse beigetragen hast. Dann kannst Du nämlich den Stein oder den Klumpen, der mit deinen negativen Gefühlen entstanden ist, getrost abgeben, wie ich es Dir im vorigen Kapitel beschrieben habe – denn dein Stein ist es dann in Wirklichkeit nicht mehr, weil Du hast Dich aktiv und mit aufrichtigem Einsatz um Besserung für alle bemüht. Nun haben die anderen Beteiligten die Aufgabe, die inneren, geistigen Steine zu entsorgen, wenn sie das wollen. Du kannst in jedem Fall reinen Gewissens sein, wenn Du ehrlich und authentisch deine Meinung zum Ausdruck gebracht hast. Bei solchen Gesprächen und auch sonst im Leben, ist es sinnvoll, immer in Ruhe, beim Einatmen, einen Gedanken zu fassen und diesen möglichst ehrlich, höflich, fair und authentisch, beim Ausatmen, in die Welt zu entlassen.

Effekte des Atemtrainings

Dass Atemtraining, wie ich es Dir in diesem Buch vorgestellt habe, hoch wirksam sein kann, wirst Du spätestens beim mehrmaligen Durchführen der einen oder anderen Übung bemerkt haben. Nicht jede Übung ist für alle Bedürfnisse und für alle Menschen gleich gut geeignet – es ist daher absolut in Ordnung, dass die eine Übung bei Dir riesige Wirkungen zeigt und die andere Übung gar nicht. Auch die Dauer, ab wann Du Veränderungen bemerkst kann durchaus variieren. Gönne Dir also die Zeit, bis Du Fortschritte machst, bleibe geduldig und beharrlich. Nimm Dir auch gerne das Recht heraus, Lieblingsübungen zu haben und die eine oder andere Übung sogar blödsinnig zu finden. Wichtig ist, dass Du einen Kompromiss findest, indem Du regelmäßiges Atemtraining, gerne machst. Wie dies genau aussieht ist deinen Vorlieben überlassen.

Als inhaltlichen Abschluss dieses Buches will ich Dir noch ein paar Beispiele bringen, welche Prozesse in deinem Körper, aufgrund bewusster Tiefatmung passieren, die Du bewusst nicht, oder nur sehr schwer wahrnehmen kannst.

Rhythmisierung des Herzschlages:

Einerseits verringert ein entspannter Zustand, die Herzfrequenz, also deinen Puls. Dies kann man besonders gut bei chronisch gestressten Menschen feststellen – diese haben normalerweise einen konstant erhöhten Puls. Ihr Körper ist die ganze Zeit in Alarmbereitschaft. Beginnen solche Menschen mit Atemübungen, die ihre Entspannung fördern, kann man nach einiger Zeit eine Normalisierung des Herzschlages – auch nachhaltig - feststellen.

Viel wichtiger ist jedoch, dass Atemübungen eine positive Auswirkung auf unseren Herzschlagrhythmus haben. Es geht hierbei um die zeitlichen Abstände zwischen zwei Pumpaktivitäten unseres Herzens. Diese Abstände sind bei entspannten Menschen sehr gleichmäßig, während der Rhythmus bei gestressten Menschen eher chaotisch ist. Gut entspannungstrainierte Menschen, können auch schneller zwischen einem chaotischen Schlagrhythmus, wenn sie gerade in eine akute Stresssituation geraten sind und einen rhythmischen Herzschlag hin und her wechseln.

Das gesamte Herzkreislaufsystem wird flexibler und schneller anpassungsfähig, was sich positiv auf das autonome Nervensystem auskwirkt.

<u>Regulierung von Parasympathikus und Sympathikus:</u>

Aufgrund von regelmäßigem Atemtraining hat der Mensch die Möglichkeit, sein autonomes Nervensystem in ein gesundes Gleichgewicht zu bringen. Du erinnerst Dich an den Anfang dieses Buches – hier haben wir über die Zustande der Anspannung und Entspannung gesprochen und was sie bewirken. Mit der bewussten Tiefatmung ist es möglich, deinen Parasympathikus zu trainieren und dadurch dein Immunsystem aktiver und deine Verdauung gesünder zu erhalten, auch wenn dieser Teil unseres Nervensystems mit dem älter werden, immer schwächer und träger, wird.

<u>Pumpfunktion der Lunge auf die Thymusdrüse:</u>

Wenn Du bewusster und tiefer atmest als gewöhnlich, dehnen sich deine Lungenflügel auch stärker als gewöhnlich. Dadurch erhältst Du eine Pumpfunktion auf die Thymusdrüse, die sich mittig auf deinem Brustkorb, vor deinem Herzen befindet. Die Thymusdrüse ist eine der wichtigsten Drüsen für dein Immunsystem – deinen inneren Arzt - welches durch ihre verstärkte Aktivierung unterstützt wird.

Pumpfunktion auf die Gehirn-Rückenmarks-Flüssigkeit:

Durch eine vermehrte Tiefatmung kann eine bessere Zirkulation der Gehirn-Rückenmarks-Flüssigkeit erreicht werden. Diese ist sozusagen der Stoßdämpfer für unser Gehirn und den Zentralnervenstrang, in unserer Wirbelsäule, da diese mit dieser Flüssigkeit zur Gänze umgeben sind. Weiter ist sie, vergleichbar mit dem Lymphsystem im gesamten Körper, am

Abtransport von Schadstoffen und alten, toten Zellen aus unserem Gehirn, beteiligt.

Danksagung

Für alle meine Wegbegleiter und die wunderbaren Gespräche, aus denen ich die Dinge lernen durfte, die ich heute weitergebe.

Mahalo nui loa – vielen Dank!

Markus Hitzler, MBA

Wien, März 2018

Kontakt

Willst Du Kontakt mit mir aufnehmen, oder willst Du über meine weiteren Bücher erfahren, besuche mich auf

www.markus-hitzler.at!

Ich biete Kurse und Workshops zu allen meinen Büchern an – sowohl für Laien als auch für Therapeuten, die eine Ausbildung absolvieren wollen. Weitere Informationen hierzu auf:

www.huna-touch.com!

Bildnachweise

Alle Bilder dieses Buches sind © fotolia.com, unter Bearbeitung durch Markus Hitzler, oder Darstellungen © durch Markus Hitzler selbst.

Literaturverzeichnis

- Antonovsky Aaron / Salutogenese / 1997

- Glover, William R. / Huna: The Ancient Religion of positive Thinking / 1988

- Hartley, Linda / Einführung in Body-Mind Centering / 2012 / Huber-Verlag

- King, Serge Kahili / Instant Healing / 2010 / Lüchow-Verlag

- King, Serge Kahili / Die Dynamind-Technik / 2011 / Lüchow-Verlag

- Servan-Schreiber, David / Die neue Medizin der Emotionen / 2006 / Goldmann-Verlag

- Tarthang Tulku / Kum Nye – Selbstheilung durch Entspannung / 2010 / O.W. Barth-Verlag

- Willis Koko / Tales from the Night Rainbow / 1990

Notizen: